LETTRES

SUR LES

INONDATIONS

Adressées à M. Pagnerre, ancien rédacteur en chef

du *Journal du Loiret,*

PAR

M. Jules LOISELEUR

Bibliothécaire de la ville d'Orléans.

Extrait du *Journal du Loiret*, des 25, 30, 31 Octobre, 6 et 7 novembre 1866.

Tirage à part à 60 exemplaires.

ORLÉANS,

IMPRIMERIE D'ÉMILE PUGET ET Cie, RUE VIEILLE-POTERIE, 9.

—

1866.

1867

OUVRAGES DU MÊME AUTEUR.

Les Crimes et les Peines dans l'antiquité et dans les temps modernes; 1 vol. gr. in-18 jésus. Paris, Hachette, 1863.

Les Résidences royales de la Loire; 1 vol. gr. in-18 jésus Paris, Dentu, 1863.

Le Chateau de Chaumont, prés Blois; in-8° (épuisé).

Le Chatêau de Gien-sur-Loire; in-8° (épuisé).

Le Bignon et les Saintes-Claires de Gien; broch. in-8°.

Études sur Gilles Berthelot, *constructeur du château d'Azay-le-Rideau, et sur l'administration des finances à son époque;* brochure gr. in-8°. Tours, Ladevèze.

Notice *sur des manuscrits inédits de Lavoisier et sur ses travaux dans l'assemblée provinciale de l'Orléanais, en 1787;* broch. in-8°. Orléans, E. Puget.

Mazarin et le duc de Guise; *La politique de la France dans la révolution de Naples de 1647, d'après des documents inédits.* Extrait de la *Revue contemporaine,* tiré à part à 60 exemplaires.

Mazarin a-t-il épousé Anne d'Autriche ? Extrait de la *Revue contemporaine,* tiré à part à 60 exemplaires.

LETTRES

SUR LES

INONDATIONS.

PREMIÈRE LETTRE.

Mon cher Pagnerre,

Il y a des journalistes et même des avocats qui n'écrivent et ne parlent jamais mieux que lorsqu'ils ignorent le sujet qu'ils ont à traiter. Vous vous rappelez ces deux rédacteurs de grandes feuilles parisiennes, écrivains illustres tous deux, qui, venus à Orléans, en mai 1855, pour rendre compte de l'inauguration de la statue de Jeanne d'Arc, repartirent dans la nuit qui précéda la fête, prétendant que, s'ils la voyaient, cela les gênerait pour en rendre compte. L'un d'eux était Fiorentino: on peut le nommer puisqu'il est mort; l'autre était la plume la plus pittoresque du journalisme, un grand peintre en prose qui forcera tôt ou tard les portes de l'Académie française, celui à qui Henri Heine disait un jour, avec son sourire railleur: « Comment ferez-vous pour parler de l'Espagne quand vous y serez allé? » Il prouva ce jour-là qu'il n'est pas indispensable de voir les choses pour en bien parler. Son compte-rendu fut charmant: c'était plus vrai que nature

Je suis d'une école tout opposée : je ne sais parler que de ce que je sais, ou au moins à peu près, car qui peut ici-bas se flatter de rien savoir à fond? C'est vous dire qu'en vous parlant aujourd'hui des inondations de la Loire, je n'entends pas empiéter sur le domaine de la science spéciale à laquelle je suis parfaitement étranger, ni traiter les questions techniques. Je laisse ce soin aux ingénieurs du fleuve, gens dont je connais et dont j'apprécie le mérite et la haute compétence. Ils sont en ce moment en lutte avec un élément terrible et qui semble se jouer de toutes les prévisions de la science ; mais, dans ce combat entre l'intelligence et les forces brutales de la nature, ce n'est pas l'intelligence qui aura le dessous ; j'en ai la certitude. A eux de nous dire les hauteurs exactes atteintes par la dernière inondation, la mesure comparative de ces hauteurs avec celles des inondations précédentes, pourquoi tant de prévoyantes mesures, tant de travaux si habilement conduits sont restés infructueux et quel est, en fin de compte, le meilleur moyen à employer pour empêcher le retour de semblables catastrophes. Puissent-ils être bien inspirés, surtout sur ce dernier point!

Tout cela est l'affaire des hommes spéciaux. Quant à moi, dont les visées sont des plus modestes, je veux me borner au côté historique du sujet, et, même dans ce champ limité, je me contenterai de glaner çà et là, particulièrement dans l'excellent livre de M. Champion, quelques faits et quelques rapprochements qui me paraissent de nature à intéresser le commun des lecteurs, c'est-à-dire les ignorants comme vous et moi.

Je commence par une question qui s'est présentée à beaucoup d'esprits. En voyant les énormes montagnes d'eau charriées entre les levées pendant quatre jours, en essayant de faire l'effroyable calcul des immenses nappes épandues dans nos vallées, on s'est demandé d'où pouvaient provenir de pareilles masses liquides. On s'est refusé à croire que la pluie de l'été dernier, quelque continue qu'elle ait été, fût suffisante pour en rendre compte, et l'on a été tenté d'établir un rapprochement entre ce cataclysme et le tremblement de terre du commencement de septembre.

J'ai eu l'occasion de causer de cette question avec un membre de l'Institut qui veut bien m'honorer de quelque amitié et dont personne ne contestera la compétence. Il est auteur de travaux sur les forêts, sur leur influence climatérique et sur les dangers de leurs déboisements qui ont fait une grande sensation non-seulement dans le monde savant, mais même dans les hautes régions du gouvernement : j'ai nommé M. Becquerel. Je dois dire que ce savant croit peu à la relation des tremblements de terre avec les débordements des rivières : les tremblements de terre ont plutôt pour effet ordinaire de tarir les sources que de les épancher. M. Becquerel, qui étudie spécialement les quantités de pluies qui tombent annuellement dans nos contrées, a vérifié que nous en avons eu cette année en quatre mois autant et plus qu'il en tombe d'ordinaire en douze. Les ondées continues qui ont rendu l'été dernier si maussade, suffisent donc pour tout expliquer. Je me range naturellement à l'avis d'un homme si bien placé pour faire autorité. Voici néanmoins un fait peu connu et que je me permets de lui signaler.

Je lis dans le journal de Pierre Fayet sur les troubles de la Ligue les lignes suivantes :

« Le vingt-cinquiesme janvier 1579, advint ès-villes de Bourges et Moulins et autres endroits de la rivière de Loire un tremblement de terre qui fit tomber quelques images ès-églises et quelques vieilles murailles à Moulins. »

Or ce tremblement de terre fut suivi de très-près d'un débordement de la Loire. C'est ce qu'atteste un petit et rare opuscule ayant pour titre : *Discours espouvantable de l'horrible tremblement de terre advenu ès-villes de Tours, Orléans et Chartres, ce lundi XXVIe jour de janvier dernier passé*, 1579. L'auteur diffère un peu, comme on voit, avec Pierre Fayet, sur la date du phénomène qui eut probablement lieu dans la nuit du 25 au 26 janvier, explication qui concilie les deux versions. « A Blois aussi, dit-il, il y a eu semblable tremblement et d'avantage. *Soit que ce tremblement l'ait causé ou non*, la rivière de Loire a emporté une grande partie des faulxbourgs. »

Rapproché du tremblement de terre qui a précédé l'inondation de 1866, ce fait est digne de remarque. S'il était possible de rassembler d'autres rapprochements analogues, je ne doute pas que les météorologistes n'y accordassent une sérieuse attention ; car la science peut regarder comme insignifiants et sans connexité des faits isolés, mais elle en tient grand compte quand ils se multiplient et qu'on en peut dès lors déduire une loi naturelle.

Je doute fort que les inondations soient aujourd'hui plus fréquentes, plus faciles et plus dévastatrices qu'elles ne l'ont été dans le passé. Nous pourrons plus tard examiner cette question. Tout ce que je veux dire aujourd'hui c'est qu'on a souvent attribué la prétendue facilité avec laquelle les débordements se produisent depuis un siècle et demi à l'enlèvement de masses rocheuses qui jadis obstruaient le cours du fleuve, au-dessus de Roanne. Saint-Simon met ce méfait à la charge du duc de la Feuillade, le fils de celui qui fit faire à ses frais la place des Victoires et y éleva la statue de Louis XIV. C'est en 1705 qu'une compagnie, qui ne faisait qu'exécuter un projet conçu dès le XVIe siècle, commença les travaux destinés à rendre la Loire navigable entre Roanne et Saint-Rambert et fit sauter les rochers qui resserraient le lit du fleuve. Deux ans après la Loire débordait et faisait pour plus de huit millions de dommages, suivant l'appréciation nécessairement très-approximative de Saint-Simon. « Plus sage que les hommes, dit-il, la nature, ou pour parler plus juste, son auteur, avait posé des rochers au-dessus de Roanne, qui empêchaient la navigation jusqu'à ce lieu, qui est le principal du duché de M. de la Feuillade. Son père, tenté du profit de cette navigation les avait voulu faire sauter. Orléans, Blois, Tours, en un mot tout ce qui est sur le cours de la Loire s'y opposa ; ils représentèrent le danger des inondations ; ils furent écoutés ; et quoique M. de la Feuillade alors fût un favori et fort bien avec M. Colbert, il fut réglé qu'il ne serait rien innové et qu'on ne toucherait point à ces rochers. Son fils, par Chamillart son beau-père, eut plus de crédit. Sans écouter personne, il y fit procéder par voie de fait ; on fit sauter les rochers, et on rendit la navigation libre en faveur de M. de la Feuillade. Les inondations qu'ils arrêtaient se sont débordées depuis, avec une perte immense pour le roi et pour les particuliers ; la cause en a été bien reconnue après, mais elle s'est trouvée irrémédiable. »

Tel est le récit de Saint-Simon qu'il ne faut pas toujours croire sur parole, surtout quand la passion l'égare. Bien que les relations des nombreuses inondations qui, depuis le VIe siècle, ont dévasté le val de Loire manquent trop souvent de précision, surtout en ce qui concerne la hauteur exacte des eaux, on est toutefois fondé à croire que nombre de celles qui sont postérieures à l'enlèvement des roches s'élevèrent à un niveau égal pour le moins à celui qu'atteignirent quelques-unes de celles qui l'ont précédé. La destruction de ces roches ne saurait donc être admise comme cause principale de l'inondation de 1707 que relate Saint-Simon, non plus que de celles qui la suivirent. C'est un fait qui résulte, à ce qu'il parait (je n'ai pas le travail sous les yeux et ne puis rien dire de précis à ce sujet) d'un excellent et consciencieux rapport de M. Collin, ingénieur en chef du service spécial de la Loire, qui a pour titre : *Comparaison des hauteurs de la crue de 1856 aux différents ponts du fleuve, entre Briare et Nantes, à celles des crues historiques dont on a conservé des dates certaines.* La plus haute crue dont on ait gardé le souvenir, celle de 1414, est antérieure de trois siècles à la destruction des rochers ; c'est ce qu'atteste un rapport cité à la chambre des pairs en juin 1847 et dû à un inspecteur des ponts et chaussées.

Il se peut toutefois que la barre de rochers détruite par M. de la Feuillade eut pour effet de créer un réservoir naturel, utile quand la crue ne dépassait pas un certain niveau. On peut tirer de cette idée un enseignement qui n'est pas à dédaigner. La question de réservoirs factices à créer dans la haute Loire est à l'étude depuis longtemps et peut-être trouve-t-elle dans le récit de Saint-Simon un certain appui. Je vous dirai un mot, dans une autre lettre, de ce projet, le plus pratique à mon sens de ceux qui ont été mis en avant pour prévenir les désastreux effets des inondations. Vous verrez en même temps que ce n'est pas d'hier qu'on songe à établir des digues submersibles, à faire, comme on dit, la part du feu, ou plutôt de l'eau, en créant, de distance en distance, des passes le long des levées les plus menacées. Mais vous pourrez voir aussi que ce projet a soulevé jadis de vives résistances de la part des localités qu'on soumettrait ainsi au fléau périodique des irrigations forcées et qu'il ne demanderait pas de minces sacrifices au budget de l'Etat. Quoi qu'il en soit, le moyen de parer au retour de catastrophes pareilles à celles dont nous avons été témoins, il y a moins d'un mois, ce moyen sera trouvé, n'en doutez pas. Il coûtera cher peut-être, mais on le trouvera et on aura la décision nécessaire pour l'appliquer. La science du XIXᵉ siècle qui triomphe et quelquefois même trop orgueilleusement, de tant d'autres problèmes, ne reculera pas devant celui-là : il est digne de tous ses efforts.

Néanmoins, mon cher ami, puisque vous avez cette louable intention dont je presse de tous mes vœux la réalisation, de venir finir vos jours dans une gaie villa aux bords de la Loire, prenez vos petites précautions. Comptez beaucoup sur les promesses et sur les généreux efforts de la science, mais bâtissez votre cottage à mi-côte : *in medio securitas.*

SECONDE LETTRE.

—

Il paraît que ma causerie familière et sans prétention vous a intéressé. Je suis très-sensible à votre suffrage, car vous avez prouvé par vos comptes-rendus si dramatiques et si émouvants des désastres de l'inondation que vous vous connaissez en cette matière. Il me revient en même temps de divers côtés que mes modestes recherches n'ont pas déplu aux lecteurs du *Loiret*. Je reprends donc aujourd'hui cette causerie en les remerciant de leur bienveillante indulgence.

A la tête des causes générales et les plus actives des inondations on place généralement le déboisement du sol. On y joint le dessèchement des marais et des étangs qui en a été la conséquence et aussi l'excellent entretien des rigoles et des fossés d'assainissement qui permet aux pluies de se rendre rapidement dans les rivières et des rivières dans les fleuves. Il me paraît probable que ces causes sont en effet pour quelque chose dans la facilité avec laquelle les eaux s'amoncèlent aujourd'hui dans les vallées ; mais il s'en faut de beaucoup toutefois qu'elles aient toute la valeur qu'on leur attribue. Les faits, plus forts que tous les raisonnements, contredisent cette opinion. Ecoutez, sur ce point, M. l'abbé Chevalier, auteur d'un mémoire sur le climat de la Touraine, au VIe siècle.

« Certes, dit cet écrivain, on ne saurait nier qu'à l'époque ancienne, la France ait été presque entièrement couverte de forêts. Le sol devait conserver longtemps son humidité sous l'abri impénétrable des bois ; les eaux pluviales, absorbées comme par une vaste éponge, retenues dans ces réservoirs naturels, puisées par une végétation vigoureuse et entravées dans leur marche par mille obstacles, devaient se rendre très-lentement dans les vallées. Et cependant, malgré tant de circonstances favorables, nous voyons les inondations violentes se succéder au VI⁰ siècle avec plus de fréquence qu'à l'époque moderne, et pour ainsi dire annuellement. Il faut donc admettre que le déboisement du sol n'est pas aussi coupable qu'on l'a dit, et que, s'il peut augmenter en de faibles proportions la crue de nos rivières, il ne doit pas porter seul la responsabilité des inondations. »

C'est en effet, comme je vous le disais dans ma première lettre, une grande erreur de croire que les inondations soient plus fréquentes aujourd'hui que par le passé. C'est plutôt le contraire qui est vrai. Les premières inondations connues sont celles dont Grégoire de Tours nous a transmis le récit. Or il en relate huit en onze ans, de 580 à 591. Pendant dix années consécutives, de 1623 à 1633, il y eut des crues considérables, en diverses saisons, par suite de pluies excessives. Huit ans auparavant, avait eu lieu ce qu'on appelle *le Déluge de Saumur*. C'est le titre expressif sous lequel un médecin de cette ville, nommé Bourneau, a raconté les désastres de l'inondation de 1615 qui fut due à la fonte subite de neiges énormes tombées pendant tout l'hiver. Cette inondation a été considérée comme la plus élevée des temps anciens, après toutefois celle de 1414 dont je vous parlais dans ma dernière lettre et dont un inspecteur des ponts-et-chaussées, M. Goury, évalue la hauteur, à Nantes, à 7 m. 80 c.

Ainsi le commencement du XVII⁰ siècle a vu dix crues anormales en dix ans. Même fréquence des grandes eaux au commencement du siècle suivant. Vous vous rappelez le tableau que fait Saint-Simon de celle de 1707. Les années 1710, 1711, 1712 et 1713 furent affligées du même fléau. On aurait donc tort de croire, d'après l'expérience de ces quarante dernières années, que les crues extraordinaires ont des retours régulièrement périodiques et n'arrivent au plus que tous les dix ans. Vous voyez que ce n'est pas sans raison qu'on travaille en ce moment avec zèle aux réparations des levées et qu'on a de justes motifs de se hâter. Je dois dire toutefois, pour être exact, qu'on n'a pas la hauteur de la plupart de ces crues si rapprochées et qu'il ne faut pas confondre les crues et les inondations. Ces deux considérations sont de nature à rassurer ceux que cette question intéresse spécialement.

On a supposé qu'il existe, dans les flancs des montagnes où la Loire prend sa source, de vastes cavernes, cratères de volcans éteints. Les eaux des pluies s'y amoncèleraient plus ou moins rapidement; puis, une fois ces cavernes pleines, un petit excédant d'eau suffirait pour créer un syphon, qui, une fois amorcé, viderait sans discontinuité tous ces réservoirs. C'est là une hypothèse ingénieuse, mais toute gratuite. Comment, dans cette supposition, expliquer des crues considérables revenant dix fois en dix années? Comment les réservoirs souterrains arriveraient-ils à se remplir en si peu de temps?

Selon moi, la seule et véritable cause des inondations, ce sont les pluies continuelles, surtout quand elles amènent des fontes de neiges. Quand on relève toutes les inondations dont l'histoire nous a conservé le souvenir, on s'aperçoit que le plus grand nombre est dû à ce dernier phénomène. Le déboisement du sol ne saurait être mis en parallèle avec cette grande cause naturelle et contre laquelle le génie de l'homme ne peut qu'engager une lutte dans laquelle il doit faire appel à toutes ses ressources pour rester vainqueur.

Je passe aux obstacles introduits dans le lit du fleuve. Ils ont été créés daus un but assurément très-louable, mais il n'est si belle médaille qui n'ait sont revers.

La nécessité de pourvoir aux besoins de la navigation a inspiré de bonne heure l'idée si simple et si rationnelle, à première vue, de comprimer le fleuve dans son lit, et ce sont les communes elles-mêmes qui, tout d'abord, se sont livrées à ces travaux. Ecoutez sur ce point ce qu'écrivait après l'inondation de 1846, notre savant et judicieux compatriote, M. Bimbenet:

« Tous les gouvernements qui se sont succédé, stimulés par les villes commerciales des bords de la Loire, ont comprimé le fleuve dans son lit: la jurisprudence des cours est venue en aide aux riverains qui, en défendant leurs propriétés de l'invasion des eaux, refoulaient celles-ci dans un espace plus étroit. On ne s'en est pas tenu là : des digues submersibles ont été

construites dans le fleuve, d'abord en petit nombre, puis se mul-
tipliant à l'infini, surtout devant les grandes cités. Enfin des
ponts nombreux ont occasionné l'érection de levées transversales qui offrirent encore aux communes le moyen d'augmenter leur domaine aux dépens du lit du fleuve, en s'empa-
rant des sables accumulés en aval et en amont de ces levées et
dans toute leur étendue. Dans ce combat de l'industrie contre
la nature, celle-ci a succombé. »

Cette question de l'inconvénient attaché aux digues et aux
empiétements multipliés sur le lit du fleuve a frappé de bonne
heure les esprits, et vous verrez bientôt, par un rapport de
M. Rouher à l'Empereur, qu'elle n'a point échappé à la vigi-
lance du gouvernement. Je vous citerai en même temps les ju-
dicieuses observations de M. l'inspecteur général Comoy sur le
but et l'utilité des digues. Vous comprendrez alors qu'il n'y a
rien d'absolu en cette matière; que tout dépend des circonstances et de l'état des lieux, et qu'il ne faut pas se prononcer à la
légère sur cette difficile question.

Ceci m'amène à vous tracer l'histoire sommaire des levées et
des autres travaux par lesquels on a tenté de parer au fléau des
inondations: ce sera l'objet de ma prochaine lettre.

TROISIÈME LETTRE.

—

Selon la promesse qui termine ma dernière lettre, je vous esquisserai aujourd'hui l'histoire des levées.

C'est en Anjou que ce genre de travaux préservatifs fut d'abord établi. Ménage, dans son *Histoire de Sablé*, suppose que les premières sont antérieures au IXe siècle. « Le cours de la Loire, dit-il, était anciennement dans la vallée, ainsi que le constate une ancienne levée ruinée qui était le vieux chemin de Beaufort à Saumur, par le milieu des marais formant l'Authion et le Latan. » C'est sans doute celle dont il est parlé dans les *Capitulaires;* car il est certain que Louis-le-Débonnaire fit travailler à sa réparation, ce qui prouve qu'elle existait avant lui.

Suivant Bodin, auteur d'une histoire du Haut et du Bas-Anjou, c'est au commencement du XIe siècle qu'il faut fixer l'origine de la levée dite de la Vallée-d'Anjou, qui s'étend entre les villes d'Angers et de Saumur. Mais les premiers travaux faits dans un certain esprit d'ensemble, ne sont véritablement dus qu'à Henri II qui était à la fois roi d'Angleterre et comte d'Anjou. La crue extraordinaire de 1150, augmentée sans doute par la résistance des petites digues élevées ou consolidées sur la rive droite par les empereurs Carlovingiens, cette crue avait eu pour effet de changer le cours de la Loire, et de le reporter dans les prairies de la rive gauche. Témoin de ce désastre, Henri II résolut d'achever promptement la levée, afin de fixer pour toujours la Loire dans le lit de deux petites rivières, la Vienne et le Thouet, lit qu'elle avait envahi. Pour mettre à chef ce projet, il fit venir des troupes qui travaillèrent avec les habitants , et il accorda des dispenses d'impôts à tous ceux qui fixeraient leur domicile sur les levées mêmes. On a la preuve que ces levées avaient d'abord été établies en autant de tronçons qu'il y avait de propriétés à sauvegarder. Les raccordements se firent successivement et tant bien que mal. La solidité de ces travaux laissait sans doute beaucoup à désirer, car les ruptures des levées furent fréquentes durant les XVe et XVIe siècles.

Charles VII, en 1423, institua à Orléans deux notables bourgeois, préposés à l'entretien des *turcies* dans tout l'Orléanais. Ce mot sur lequel mon honorable ami, M. Bimbenet, a écrit une savante dissertation, vient, suivant les uns, du latin *turgere*, s'enfler. D'autres pensent qu'il tire plutôt son origine, par corruption, du mot *torchis*. Je crois, moi, qu'il vient de *torcis*, vieux mot qui exprime l'idée de choses entrelacées. Mais c'est là une question de pure érudition, et je sais que vous professez pour l'espèce particulière de savoir que ce mot indique la plus aimable indifférence. Comme je crains que beaucoup de lecteurs du *Loiret* ne partagent votre manière de voir sur ce point, je ne leur donnerai pas les raisons de mon opinion, et je reviens vite à mes moutons, c'est-à-dire à l'historique des levées.

C'est seulement à la fin du XVIIe siècle qu'on commença à substituer aux murs à talus qui formaient les levées primitives des perrés en pierres de taille formant glacis et appuyés sur deux rangs de pilotis liés entre eux par de fortes pièces de charpente. Les levées, qui n'avaient guère alors que de trois à quatre mètres de hauteur, suivant les lieux, s'exhaussèrent successivement de plus d'un mètre.

C'est à Colbert que fut due l'organisation qui permit d'assurer le service régulier des turcies et levées. Il fit commettre un ingénieur pour dresser les devis et en suivre l'exécution. Mais, après la mort de ce grand ministre, l'ordre qu'il avait établi ne se soutint qu'en apparence ; des abus considérables s'introduisirent ; les ouvrages furent aussi mauvais et aussi coûteux que mal ordonnés. Ces désordres s'aggravèrent encore sous Louis XV, grâce à l'anarchie qui régnait alors dans les finances et l'administration.

J'emprunte ces renseignements à un livre sur les ponts et chaussées publié à Amsterdam en 1759 et à un article de M. Champion qui a paru en 1864 dans la *Revue des Provinces*.

« Il n'est pas douteux, dit l'auteur anonyme de l'ouvrage publié à Amsterdam, que le commerce n'ait été le premier objet des ouvrages construits dans le lit et sur les bords des rivières de Loire et d'Allier. La quantité prodigieuse de sable qu'elles entraînent dans leurs crues y aurait rendu la navigation impossible ou d'une extrême difficulté, si en resserrant leurs lits, on ne les avait forcées à pousser et à emporter nécessairement, dans leur état ordinaire, une partie des sables qu'elles apportent par leur gonflement. »

Veuillez, mon cher ami, réfléchir un peu sur cette dernière phrase. La raison qu'elle contient n'est pas d'une mince considération et explique, ce me semble, le rétrécissement tant de fois accusé du lit de la Loire. Vous allez voir d'ailleurs qu'on s'aperçut bien vite des inconvénients de ce rétrécissement du lit d'un fleuve qui supporte impatiemment les obstacles.

« La commisération pour les peuples et l'intérêt de l'Etat, continue notre auteur, firent régler la hauteur des levées à 15 pieds, sans aucune distinction ni de la largeur du lit ni de ses pentes. Tel était leur état à la fin du siècle passé, pendant le cours duquel elles avaient souvent éprouvé des ruptures qui firent des désordres prodigieux.....

« On s'aperçut enfin, après une rupture de la levée, survenue en 1706, que la Loire n'avait pas entre les levées l'espace que pouvait occuper son volume dans le temps des grandes crues. Mais au lieu d'en conclure que la restitution de cet espace était le seul remède convenable, on se détermina, après bien des réflexions, sur lesquelles les ingénieurs seuls ne furent pas écoutés, à exhausser de six pieds les levées, ce qui les portait au total à 21 pieds, et rassurait mal à propos le public contre la plus grande crue, qu'on n'avait vu monter qu'à 18 pieds.

« A cette précaution, on ajouta celle de former des *déchargeoirs* de superficie à 15 pieds de hauteur au-dessus des basses eaux d'été. Mais, outre qu'on les construisit misérablement, on ne leur donna que cent toises (200 mètres) de longueur, ce qui ne suffisait pas, dans les temps de crues, à détacher du volume principal de la Loire une cinquantième partie. »

Dans ma prochaine lettre, mon cher ami, je vous dirai le mauvais effet que produisirent ces déchargeoirs sur lesquels l'opinion publique semble aujourd'hui revenir avec complaisance. On me dit, en effet, que diverses communes des environs d'Amboise viennent d'adresser une pétition à l'Empereur, pour demander l'établissement de déversoirs, préférant des irrigations fréquentes qu'elles croient sans grands dangers à des inondations plus rares, mais désastreuses. La question est de savoir si leurs désirs ne seront pas combattus par d'autres intéressés et s'ils sont d'accord avec les conclusions de la science spéciale. Quoi qu'il en soit, il ne peut qu'y avoir avantage, en cette matière comme en toutes choses, à consulter les leçons du passé. Vous voyez queles recherches d'érudition ne sont pas toujours inutiles puisqu'elles peuvent servir à guider l'opinion. Nos ingénieurs, dans tous les cas, sont gens plus habiles que ceux de Louis XV et sauraient bien se préserver des fautes de construction qui furent alors commises. Ce fut d'ailleurs le premier ingénieur des turcies et levées, M. de Régemorte, qui signala les vices de ces fragiles déchargeoirs. C'est le même qui a construit le pont de Moulins.

Je m'aperçois que cette lettre est déjà longue et remets à la suivante la continuation de l'histoire sommaire des levées.

QUATRIÈME LETTRE.

—

Je suis servi par les circonstances. Au moment où j'entame l'historique des déversoirs, paraît le remarquable rapport de M. Béhic à l'Empereur, qui nous apprend que cette question des brèches à créer dans les levées est à l'étude en ce moment. Le ministre est allé de suite au-devant des reproches et des objections qui furent faites jadis aux déversoirs. Si ce genre de défense est définitivement adopté, on aura soin de préparer à l'avance et de régulariser l'introduction des eaux de manière à la rendre inoffensive, ou du moins à en atténuer les fâcheux effets. C'est là, en effet, qu'est le nœud du problème. Vous voyez que cette question est toute de circonstance et qu'il est intéressant d'en connaître les antécédents.

Les déversoirs dont je vous parlais dans ma dernière lettre avaient été établis après une rupture de la levée survenue en 1707. Ils étaient, pour la plupart, placés sans aucun choix et d'une trop mauvaise construction pour résister lorsque l'eau passait par-dessus. Tel était du moins l'avis de l'ingénieur des levées, M. de Régemorte. Il allait plus loin et regardait en général ces travaux comme inutiles. Il est juste ici de lui laisser la parole : sa critique me semble prouver, en effet, que, mieux établis, les déversoirs n'eussent pas mérité le reproche d'inefficacité qu'il leur adressait.

Après avoir rappelé que les levées en général avaient 21 pieds de hauteur, et que les déchargeoirs, percés à 15 pieds, étaient de 100 toises d'ouverture et quelquefois du double, M. de Régemorte ajoutait : « Quand la Loire, dans ses crues, excède la hauteur de 15 pieds, elle passe sur les déchargeoirs, forme des brèches considérables et ensable tout le pays au derrière. Suivant toute apparence, on comptait, au moyen de ces ouvrages, diminuer la hauteur de la crue. Cela pourrait faire cet effet si l'eau qui passe dans les déchargeoirs rentrait bien loin au-dessous ; mais, dans presque tous, l'eau rentre à une ou deux lieues au-dessous. Le seul bien, si on peut l'appeler ainsi, que cela procure, est de retarder la crue du temps qu'il faut pour remplir le pays au derrière de la levée, pays qui forme une très-petite surface, eu égard à la Loire. »

M. de Régemorte concluait à la suppression des déchargeoirs établis à Sigloy, en face de Châteauneuf.

Ceci était écrit en 1745. La terrible débâcle du 18 janvier 1789, l'inondation non moins désastreuse du 12 novembre 1790, engagèrent l'administration supérieure à chercher enfin un remède sérieux aux maux incessants qui désolaient les bords de la Loire. On songea à revenir au système des déversoirs. L'inspecteur général des turcies et levées publia un rapport dans lequel il proposait l'établissement de levées disposées de manière à présenter des passes de distance en distance, pour laisser refluer les eaux sur les plaines, lorsque ces eaux excéderaient la hauteur des chantiers. Ces ouvertures dites *passes de regonfle* ne devaient pas être, dans la pensée de l'auteur du projet, de simples brèches pratiquées dans les levées : c'était, à ce qu'il me semble, quelque chose d'analogue aux descentes ménagées sur nos quais pour l'abreuvoir des chevaux. On aurait changé la direction des levées existantes ; on en aurait augmenté la longueur en les inclinant les unes sur les autres et en faisant dépasser les extrémités de chaque portion sur celles des portions adjacentes.

Les administrateurs locaux opposèrent une vive résistance à ce projet : ceux du district d'Orléans le critiquèrent avec énergie dans un rapport qu'ils adressèrent le 18 août 1791, au Directoire du département. Ce plan, suivant eux, devait avoir pour résultat de rendre la navigation impraticable ; les eaux n'étant plus suffisamment reserrées et perdant la vitesse qui les oblige à creuser le lit du fleuve par le rapide entraînement des sables, auraient formé sans cesse des atterrissements nouveaux, sans jamais être assez puissantes pour détruire les anciens. On faisait ressortir surtout le misérable sort que ce projet, dans les conditions où il semblait conçu, réservait aux populations du val.

« Les dépôts de la Loire, disait-on, sont en général sablonneux et inféconds, et le sédiment qu'elle laisse, même dans les endroits où les eaux s'épanchent par ondulation, est rarement propre à augmenter le degré de fertilité des terres (1). D'ailleurs, une grande partie du val serait bientôt changée en un marais fangeux ; ses précieux potagers, les pépinières, les vignes, les plantations d'arbres fruitiers dont il est couvert, seraient bientôt détruites, et feraient place au saule et au peuplier stérile. Ses nombreuses habitations seraient sous les eaux et abandonnées pendant plusieurs mois de l'année : sa population périrait dans la misère. »

Le tableau était sombre et fait pour toucher l'administration supérieure ; l'état des finances ne permettait pas d'ailleurs de pourvoir aux dépenses qu'eût entraînées le projet ; aussi ne reçut-il aucune suite.

Dans son rapport du 22 octobre dernier, M. le ministre des travaux publics s'applique tout d'abord à dissiper les appréhensions pareilles à celles dont vous venez de lire l'exposé, et qui d'ailleurs étaient empreintes d'exagération. On espère rendre inoffensive l'introduction de l'eau dans les vals endigués ou du moins en atténuer notablement les fâcheux effets « au moyen d'un système de travaux qui détermineraient les points d'invasion de l'eau dans les vals et limiteraient l'étendue ainsi que la profondeur des brèches. Ces travaux seraient combinés avec l'exhaussement d'une partie des levées de la Loire et la construction, dans les vals mêmes, d'un certain nombre de digues nouvelles pour défendre efficacement les centres de population contre les eaux qui pénétreraient par les brèches. »

Il est impossible de mieux poser la question : elle est à l'étude et l'Empereur pourra bientôt juger des avantages ou des inconvénients que présente l'idée qui lui est soumise.

Dans la pensée du ministre, ces travaux doivent se combiner avec le système des retenues. Vous voyez que je n'étais pas

(1) C'est là une opinion très-contestable : les limons de la Loire paraissent jouir, au contraire, d'une propriété fertilisante très-prononcée.

trop mal inspiré lorsque je vous disais, dans ma première lettre, que le projet de créer de vastes réservoirs dans la haute Loire me semblait le plus pratique de tous ceux qui ont été mis en avant pour prévenir les désastreux effets des inondations. C'est que cette idée, elle aussi, n'est pas absolument nouvelle. Comme celle des déversoirs, elle a son passé et son histoire. Je vous en dirai un mot dans une prochaine et dernière lettre.

Je m'arrête ici pour aujourd'hui : je dois couper ces causeries en tranches aussi minces que possible. M. le gérant du *Loiret* y tient beaucoup. Il pense probablement que ma prose devient ainsi d'une digestion plus facile pour ses lecteurs : car de croire qu'il veuille par là prolonger leurs jouissances, c'est une supposition trop flatteuse pour que je m'y arrête. Il faut pourtant qu'il me permette encore une petite réflexion.

Vous avez vu qu'on a calculé le volume total des eaux écoulées, au Bec-d'Allier, pendant la crue de 1856. Ce volume s'est élevé à 2 milliards 550 millions de mètres cubes. C'est un joli chiffre : celui des eaux qui ont formé l'inondation de cette année est encore plus élevé, et c'est même ce qui fait que les dispositions calculées en vue d'une crue égale à celle de 1856 ont besoin d'être révisées. Quel malheur que le canal qui doit traverser la Beauce et porter la fraîcheur dans ses plaines desséchées, ne coule encore que sur le papier ! On avait là une belle occasion de l'abreuver une bonne fois, lui et les champs qu'il doit traverser : on aurait pu même mettre un peu d'eau en réserve pour leur soif future. J'ose affirmer que les gens du val n'auraient pas réclamé. Pour parler sérieusement, n'y a-t-il pas là une idée ? Si ce canal, à l'encontre duquel les populations beauceronnes restent un peu sceptiques, doit, en effet, s'exécuter, ne pourrait-on, pour l'alimenter, profiter des réservoirs qu'on va créer ? Ne serait-il pas possible de disposer sur son parcours de vastes docks où l'eau surabondante fournie par les grandes crues, serait ménagée pour les temps de sécheresse ? Car, demander de l'eau à la Loire dans les années sèches, et surtout en été, c'est ce qui me paraît assez difficile. Ce fleuve capricieux ressemble à la poche des enfants prodigues qui laisse fuir en un rien de temps tout l'argent que la main paternelle y verse, sauf ensuite à rester à sec pendant de longs mois.

CINQUIÈME LETTRE.

—

Dans ma dernière lettre, mon cher Pagnerre, je vous ai fait un court historique des déversoirs; il ne me reste plus avant de prendre congé de vous et des lecteurs du *Loiret*, qu'à dire un mot des barrages.

Vous savez en quels termes précis l'Empereur, dans sa célèbre lettre du 19 juillet 1856, posait le problème que présente la défense des vallées : retarder l'écoulement des eaux en les retenant dans les parties supérieures des bassins, éviter la coïncidence des crues des divers affluents avec celles de la rivière principale.

C'est ce problème complexe, et particulièrement sa première partie, qu'on se propose de résoudre aujourd'hui par l'établissement de 68 réservoirs dans la partie supérieure des vallées de la Loire et de l'Allier. Dès 1711, il avait déjà reçu un commencement de solution.

Je ne sais pas si la célèbre digue de Pinay remonte aux Romains, comme le disait l'autre jour M. le duc de Persigny. Il est possible qu'à la place qu'elle occupe aujourd'hui il y ait eu, dans les temps anciens, quelques travaux d'art destinés à retenir les eaux. Mais c'est seulement au commencement du XVIIIe siècle qu'à la suite d'inondations réitérées et sur les représentations de diverses villes au nombre desquelles figure Orléans, l'administration supérieure décida la construction, dans les gorges des montagnes du Forez, des digues de Pinay et de la Roche. On se proposait de faire droit, autant que possible, aux réclamations qu'avait fait naître l'enlèvement des fameux rochers dont je vous ai parlé et que M. de la Feuillade venait de détruire. L'arrêt du conseil en date du 23 juin 1711 qui ordonne l'adjudication de ces barrages explique très-bien les services qu'on attendait d'eux et qu'ils ont en effet rendus. « Avec leur secours, dit-il, les passages étant resserrés, lorsqu'il y aurait de grandes crues, les eaux qui s'écoulaient en deux jours auraient de la peine à passer en quatre ou cinq. »

L'Empereur a remarqué dans sa lettre qu'en effet, aussi bien en 1856 qu'en 1846, les digues de Pinay et de la Roche ont sauvé Roanne d'un désastre complet. Il a cité en même temps un rapport de M. Collignon, ancien député de la Meurthe, rapport fait à la chambre des députés en 1847, et où se trouve mentionné un système de barrages différent de celui des digues de Pinay et de la Roche, qui sont ouvertes dans toute leur hauteur. Les digues dont parlait M. Collignon sont des barrages pleins et munis d'une vanne de fond et d'un déversoir superficiel. Outre les services que les réservoirs ainsi formés rendraient dans les inondations, ils pourraient, dans les temps de sécheresse, être affectés aux besoins de l'agriculture et au maintien d'une utile portée d'étiage pour les rivières. Ils auraient ainsi une double utilité.

La première idée de ce genre de barrage appliqué à la Loire paraît remonter au commencement de ce siècle. On la trouve exposée en effet dans deux mémoires sans nom d'auteur qui furent imprimés à Saumur et présentés au premier consul. Rétablir les étangs, en innover autant que les berceaux des montagnes peuvent le permettre, ménager dans de vastes réservoirs, et dès leurs sources, les eaux de surabondance des fleuves pour les en fournir dans les moments de sécheresse ; employer même ces eaux à fertiliser les prés et les champs par la continuité des écoulements à ces époques, tel était le système préconisé.

Les réservoirs construits depuis peu en avant des villes d'Annonay et de Saint-Etienne, et dont parle M. Béhic dans son rapport, remplissent le double but que se proposait l'auteur de ce mémoire. Ils sont disposés de façon à fournir de l'eau, pendant l'été, aux villes et aux usines, tout en maintenant libre un espace suffisant pour contenir les eaux surabondantes des grandes crues. Mais ceux qu'on propose d'établir dans les vallées de la Loire et de l'Allier me semblent conçus d'après un système différent. Autant qu'il m'est permis d'en juger, leur plan se rapproche notablement de celui qu'on a suivi à Pinay et au château de la Roche. Leur but unique serait d'*atténuer* les crues de la Loire.

Remarquez bien ce mot, mon cher ami. On ne se propose pas de construire des réservoirs capables de contenir la majeure partie des eaux d'une inondation pareille à celle de 1856. Ce serait là un rêve chimérique. Sur les deux milliards 550 millions de mètres cubes qu'elle a fournis, 520 millions seulement auraient pu être retenus dans les réservoirs projetés. Mais cette retenue aurait suffi pour ramener le débit total du fleuve à un niveau qui n'eût pas dépassé le sommet des levées. C'est là tout se qu'on se propose et ce sera un beau triomphe si l'on y parvient.

Le système des retenues présente en effet des inconnues que l'expérience seule pourra dégager. Le ministre en a fait ressortir deux. Imaginez d'immenses bassins de 50 mètres de hauteur et remplis jusqu'aux bords. Comment l'écoulement se comportera-t-il sous une si énorme pression? De plus, tous ces bassins agiront-ils en temps utile, de manière à exercer leur action modératrice sur le maximum de la crue, comme cela est nécessaire pour la rendre inoffensive? Toutes les crues ne se comportent pas de la même façon. Les unes se produisent très-rapidement; d'autres ont un cours plus lent, capricieux et plein d'imprévu; on les croit sur leur déclin, elles recommencent et le maximum arrive. Qu'adviendra-t-il si ce maximum se manifeste quand les réservoirs seront déjà remplis? Ils ne produiront plus aucun effet. Les eaux les franchiront sans y être retenues, puisqu'ils seront déjà pleins.

Ce sont là des difficultés que la science spéciale a seule capacité pour résoudre. Mais ces simples réflexions vous montrent clairement qu'il est sage de joindre aux travaux de retenues toutes les autres dispositions que la prudence peut inspirer.

Ces dispositions, M. le duc de Persigny les résumait la semaine dernière dans le discours que je vous citais tout-à-l'heure.

C'est d'abord le boisement des montagnes. Vous avez très-bien compris, par les termes de ma première lettre, que, sans reconnaître au boisement du sol toute l'efficacité qu'on lui attribue d'ordinaire, j'étais loin, toutefois, de contester ses bons résultats. Sur ce point, les dispositions légales ont donné déjà satisfaction au vœu public. La loi du 28 juillet 1860 a affecté un million à dépenser chaque année, pendant dix ans, pour replanter les sommets et les pentes des montagnes ; celle du 8 juin 1864 a pourvu à leur gazonnement. Ainsi les lois existent : on n'a qu'à veiller à leur stricte et complète exécution.

Ce sont ensuite les digues parallèles au lit des rivières. M. de Persigny a très-bien dit qu'elles ne doivent prétendre qu'à garantir le pays contre les crues les plus habituelles. On s'est trop accoutumé à considérer les levées comme devant être insubmersibles et assurer la pleine sécurité des populations qu'elles abritent. Ce n'est pas, en réalité, qu'on n'en puisse faire de réellement insubmersibles. L'art n'est pas impuissant à ce point, a dit M. l'inspecteur général Comoy. « Mais si le problème n es, pas insoluble, il n'est pas toujours susceptible d'une solution acceptable, soit au point de vue technique, soit au point de vue économique. » Assurément aucun esprit judicieux ne demandera l'entière suppression des levées non plus que leur adoption à titre de remède unique et exclusif contre les inondations ; mais il faut admettre, avec le même ingénieur, que c'est à l'art d'étudier les conditions dans lesquelles elles peuvent ou ne peuvent pas être utilement employées. Il n'y faut voir, dans tous les cas, qu'un palliatif utile, mais qui doit se combiner avec d'autres procédés défensifs.

Il est une troisième mesure préservatrice dont M. de Persigny n'a rien dit, mais que M. Rouher signalait dans son rapport à l'Empereur sur le projet de défense des villes. « Il faut malheureusement le reconnaître, disait-il, sur un grand nombre de points les désastres de 1856 ont été causés par les ouvrages établis dans les vallées submersibles. » Je trouve la même idée développée avec autant de force que de clarté dans une brochure sur les inondations qui vient de paraître à Orléans (1). On comprend qu'il s'agit ici des travaux d'art qui ont été faits dans le lit du fleuve, tels que les levées transversales qui précèdent certains ponts, des concessions de terrains et des plantations qui en ont diminué la largeur. Ce sont là des questions très-complexes, très-difficiles, qui mettent en jeu beaucoup d'intérêts, qui ne sont point susceptibles d'une solution radicale et la même pour tous les cas. L'administration et la science spéciale sont seules aptes à en bien juger.

Reboisement des montagnes, maintien et exhaussement des levées, destruction des obstacles qui arrêtent les eaux, ce ne sont là que des palliatifs. Les grands remèdes, les seuls qui soient à la hauteur du mal, on ne les aperçoit que dans l'établissement combiné de réservoirs et de brèches. Je ne vois pas qu'aucune objection sérieuse s'élève contre le système des retenues. Celui des déversoirs inspire naturellement plus de craintes : déjà l'auteur de la brochure dont je vous parlais tout-à-l'heure s'en est fait l'écho. La question cependant est posée de façon à calmer d'avance les appréhensions et il est juste de remarquer qu'elle n'est encore qu'à l'étude, et que tous les intérêts sérieux ont droit de se faire écouter. Il faut se résigner à l'idée de faire la part de l'eau, comme on fait celle du feu et si l'on parvient, après de justes indemnités pécuniaires, à déterminer judicieusement le lieu où elle peut se déverser avec le moins de dommage possible, à limiter l'étendue et la pro-

---

(1) Sous ce titre : *Des inondations, de leurs causes et de leurs remèdes, par un habitant du val de la Loire.* Je recommande cette brochure à l'attention de mon honorable collègue, M. du Pré de Saint-Maur. Il y trouvera une critique spécieuse de son projet d'assurances mutuelles contre les inondations. Avec son esprit si judicieux et si pratique, il saura mieux que moi discerner le fort et le faible de l'argumentation.

fondeur des brèches, et à défendre efficacement les populations contre les eaux qui y trouveront passage, n'aura-t-on pas fait tout ce qu'il est possible d'attendre de la prévoyance et de la sagesse humaine?

J'aurais bien encore quelque chose à ajouter, mon cher ami; mais il faut savoir se borner. Il ne me reste plus que juste assez de place pour prendre congé de vous et des lecteurs du *Loiret* et pour les remercier de l'indulgence avec laquelle ils ont accueilli ces causeries.

Jules Loiseleur.